La Finance Islamique, Opérations Licites et Illicites

Dépot légal : bibliothèque et archives nationales d'Abkhazie 2023

Imprimé en France.

79 Marjam Pole - Sukhum (AB) - Abkhazia Inc.

Représentation commerciale contact@vkkab.ru

www.sefi-vkk-editor.ru

A propos des auteurs

Muhammad Elbruz

إلبروز محمد

Muhammad Elbruz, enseignant passionné à l'Université islamique de Médine, se consacre depuis de nombreuses années à l'étude et à l'enseignement des principes de la finance islamique. Son engagement profond et sa vaste expérience académique lui permettent de partager une vision éclairée et rigoureuse des pratiques financières conformes à la Shariah. Muhammad est reconnu pour sa capacité à rendre accessibles des concepts complexes, aidant ainsi ses étudiants et lecteurs à mieux comprendre et appliquer les préceptes islamiques dans le domaine de la finance.

Clairmidi Maxence

ماكسنس كليرميدي

Maxence Clairmidi, étudiant dévoué en sciences islamiques à l'Université de Médine, nourrit une passion ardente pour l'économie islamique. Avec une curiosité insatiable et un regard contemporain, Maxence explore les pratiques financières éthiques et se démarque par sa capacité à vulgariser des concepts parfois complexes. Son enthousiasme et sa soif de connaissance apportent une dimension dynamique à ses recherches, offrant aux lecteurs des perspectives nouvelles et pratiques sur la finance islamique.

Sommaire

Introduction

La finance islamique, enracinée dans les principes éthiques de l'islam, cherche à répondre aux défaillances morales et sociales présentes dans les marchés financiers et dans le monde du business contemporains. Alors que la théorie financière est largement consignée dans des encyclopédies numériques, elle ne fournit que peu de directives sur le comportement moral dans les diverses situations économiques et sociales. Les marchés financiers, affectés par la myopie et l'amnésie, sont sujets aux crises financières, entraînant des conséquences désastreuses pour les populations. La finance islamique se distingue par sa vision éthique et responsable, en cherchant à éviter les agissements financiers proscrits dans le Coran, tout en créant de la valeur de manière pertinente. L'alliance entre la "finance classique" et l'islam, dans le cadre de la "finance islamique", se veut un moyen de remédier aux dégâts causés par les crises financières mondiales et aux politiques restrictives des pays musulmans.

Laissez-moi vous raconter une histoire, celle de la crise de 2008. Je me souviens encore du sentiment de malaise qui s'est répandu dans les rues de New York en 2008, un malaise qui s'est rapidement transformé en une panique mondiale. Tout avait commencé avec ce que l'on appelait des prêts "NINJA" : des prêts accordés à des emprunteurs sans revenus, sans emploi et sans actifs ("No Income, No Job, No Assets"). Les banques, dans leur quête insatiable de profits, avaient prêté de l'argent à des personnes qui n'avaient aucune capacité de remboursement. Les maisons, financées par ces prêts risqués, étaient évaluées à des prix exorbitants, créant une bulle immobilière massive. Ces prêts étaient souvent accordés aux plus pauvres, des familles qui n'avaient pas d'autres options de financement. Parmi les emprunteurs les plus touchés se trouvaient des communautés afro-américaines et latino-américaines.

Les banques, profitant de leur vulnérabilité, leur ont accordé des prêts qu'elles savaient presque impossibles à rembourser, les conduisant inévitablement à la ruine financière. Je me souviens des visages anxieux des employés de banque, des familles qui perdaient leurs maisons, des investisseurs qui voyaient leurs économies s'évaporer en un instant.

Les marchés financiers, soutenus par des titres adossés à des créances hypothécaires douteuses, se sont effondrés, entraînant une récession économique mondiale. En parcourant les journaux et les rapports, je voyais des termes comme "subprime" et "CDO" (obligations adossées à des créances) devenir courants. Ces instruments financiers complexes avaient été créés pour diluer le risque, mais en réalité, ils l'avaient simplement caché sous des couches de complexité. Les banques, les institutions financières et les régulateurs semblaient tous pris au dépourvu par l'ampleur de la crise. Je me rappelle des réunions d'urgence des gouvernements, des milliards de dollars injectés dans les banques pour les sauver de la faillite, des programmes de relance économique pour tenter de stabiliser la situation.

Mais au milieu de ce chaos, il est devenu évident que la racine du problème était une absence totale de responsabilité éthique et de transparence. C'est ici que la finance islamique se démarque. Contrairement aux pratiques qui ont mené à la crise de 2008, la finance islamique interdit la spéculation excessive (gharar) et l'intérêt (riba), favorisant des investissements éthiques et transparents. En insistant sur des partenariats de risque-partage et des actifs tangibles, la finance islamique cherche à créer une économie plus stable et plus juste.

La crise de 2008 a été un puissant rappel de ce qui peut arriver lorsque l'avidité et l'irresponsabilité prennent le pas sur l'éthique et la justice. La finance islamique, avec ses principes solidement ancrés dans la moralité et la responsabilité sociale, offre une alternative viable, une voie vers un système financier plus équilibré et plus humain. Elle s'engage non seulement à éviter les pratiques abusives, mais aussi à protéger les plus vulnérables, en garantissant que les prêts et les investissements sont éthiques et justes pour tous, indépendamment de leur origine ou de leur situation économique.

Mais laissez-moi vous raconter une autre histoire, celle de Georges. Georges était un Lituanien de 46 ans, un homme qui avait toujours travaillé dur pour subvenir aux besoins de sa famille. Mais la vie avait été cruelle ces dernières années. Après avoir perdu son emploi, il peinait à joindre les deux bouts. Avec le mariage de sa fille approchant à grands pas, Georges voulait offrir un cadeau significatif, quelque chose qui honorerait ce moment spécial.

Malheureusement, il n'avait même pas 100 euros en poche. Désespéré, Georges se tourna vers une solution courante mais cruelle : le prêt sur gage. Un prêt sur gage est un type de prêt où un bien personnel est utilisé comme garantie. Si l'emprunteur ne peut pas rembourser le prêt, l'objet en gage est saisi par le prêteur. Dans le cas de Georges, le seul bien de valeur qu'il possédait était l'alliance de sa femme, décédée cinq ans plus tôt. Cette bague était non seulement précieuse en termes de valeur monétaire, mais elle était aussi chargée de souvenirs et d'émotions. Georges obtint un prêt de 100 euros avec cette alliance en garantie. Le prêt devait être remboursé en un mois, avec un montant de 120 euros à la fin du terme.

À première vue, cela semblait faisable, mais en réalité, le taux d'intérêt était exorbitant. Calculons ce taux d'intérêt annuel pour comprendre à quel point c'était indécent. Si Georges devait rembourser 120 euros après un mois pour un prêt de 100 euros, cela représente un intérêt de 20 euros pour un mois. Pour trouver le taux d'intérêt annuel, nous multiplions ce montant par 12 (pour les 12 mois de l'année).

Taux d’intérêt mensuel : =20100=0,20

Taux d’intérêt mensuel : =10020=0,20

Taux d′intérêt annuel $=0,20\times12=2,40$

Ou 240% Taux d′intérêt annuel$=0,20\times12=2,40$ ou 240%

Un taux d'intérêt de 240 % par an est incroyablement élevé et oppressif, surtout pour quelqu'un déjà en difficulté financière. Ce type de prêt profite de la détresse des individus, les plongeant encore plus profondément dans la misère. Georges, incapable de réunir les 120 euros à temps, perdit finalement l'alliance de sa femme.

Ce n'était pas seulement une perte financière, mais une perte profondément personnelle et émotionnelle. Cette histoire, parmi tant d'autres, illustre la cruauté de certaines pratiques financières modernes et la nécessité d'une alternative éthique et responsable. La finance islamique, avec son interdiction des intérêts usuraires et ses principes de justice et d'équité, propose une solution qui pourrait éviter de telles situations. Elle prône des pratiques financières qui ne profitent pas de la vulnérabilité des individus, mais qui cherchent à créer un système plus juste et équilibré pour tous.

À travers les pages de ce livre, nous explorerons en profondeur les principes et les pratiques de la finance islamique, une alternative éthique et durable aux systèmes financiers traditionnels. En nous appuyant sur les sources islamiques, nous mettrons en lumière les interdits qui visent à prévenir l'injustice et l'exploitation. Nous examinerons les opérations litigieuses pour comprendre les pratiques à éviter, et nous découvrirons les contrats de vente islamiques qui respectent les préceptes de la Shariah. La redistribution des richesses sera abordée comme un pilier essentiel pour une société équitable, tandis que nous vous guiderons sur les meilleurs moyens d'investir en tant que musulmans, en respectant les valeurs et les principes de l'Islam. En naviguant à travers ces chapitres, vous serez équipé des connaissances nécessaires pour comprendre et appliquer la finance islamique dans vos propres pratiques financières, contribuant ainsi à un système plus juste et éthique.

Que vous soyez étudiant, entrepreneur, investisseur ou simplement curieux de découvrir une approche différente de la finance, ce livre vous offre les outils pour naviguer dans le monde complexe des finances avec une perspective islamique. Embarquons ensemble dans ce voyage vers une finance plus responsable et éthique, en suivant les enseignements de l'Islam pour créer un avenir financier plus stable et équitable.

Préface

La finance islamique, enracinée dans les principes éthiques de l'islam, se distingue par sa recherche d'un équilibre entre l'économique et la morale, entre le monde réel et le monde financier. Pour comprendre les fondements de la finance islamique, il est essentiel de se pencher sur les sources qui la guident dans ses principes et ses pratiques. Le Coran, récit sacré de l'islam, constitue la principale source du droit islamique. Cependant, moins de 10% de ses versets abordent des règles de droit, et seulement une poignée concernent l'économie et la finance.

La Sunna, basée sur les hadiths, les actes et propos du Prophète Muhammad saaws, permet des interprétations, commentaires et précisions du Coran. Le processus d'interprétation des textes fondateurs de l'islam, appelé Ijtihad, vise à répondre à des questions qui ne sont pas explicitement abordées. Le consensus (Ijma) et le raisonnement par analogie (Qiyas) sont également des sources importantes de la charia et de la jurisprudence musulmane.

Cependant, cette pluralité de sources et d'interprétations peut entraîner des divergences d'opinions parmi les exégètes, rendant complexe la consensualité des produits financiers islamiques dans la finance moderne. Dans ce livre, nous explorerons les sujets essentiels de la finance islamique. Nous aborderons les contrats d'investissement tels que Mourabaha et Ijara, mettant en lumière les principes fondamentaux qui les régissent. Nous examinerons également les opérations sans participation, telles que la sous-location et le transfert de bail, en soulignant leur conformité avec les enseignements islamiques.

Nous nous pencherons sur les contrats d'assurance, leurs différentes formes et leur légalité au regard de l'islam. En mettant en évidence les sources islamiques qui interdisent ou autorisent ces pratiques financières, nous chercherons à fournir une compréhension approfondie des fondements éthiques de la finance islamique. À travers cette mise en abîme des sujets abordés, nous espérons offrir aux lecteurs une compréhension approfondie de la finance islamique, ses principes fondamentaux et son potentiel pour façonner un système financier plus équitable, responsable et en harmonie avec les enseignements de l'islam.

Chapitre I : Les interdits dans la finance islamique

Dans ce premier chapitre, nous explorerons les principaux interdits dans la finance islamique. Ces interdits sont basés sur les principes éthiques et moraux de l'islam et visent à promouvoir une économie juste et équitable. Nous aborderons les sujets tels que les prêts à intérêt (Riba), la thésaurisation, le gharar, le maysir, ainsi que l'investissement dans les activités amorales. En comprenant ces interdits, nous pourrons mieux appréhender les valeurs sous-jacentes de la finance islamique et découvrir comment ces principes peuvent façonner les pratiques financières d'une manière socialement responsable et éthique.

Les prêts à intérêt, connus sous le nom de riba en arabe, sont interdits dans la charia, dans le coran et dans les hadiths. Le terme riba vient du mot raba, signifiant augmenter ou régénérer une chose à partir d'elle-même. Les principes de l'interdiction reposent sur le fait que l'argent ne peut pas fructifier ex nihilo, c'est-à-dire sans qu'il n'y ait aucun travail autre que celui de faire fructifier l'argent par le simple passage du temps.

L'intérêt sur un flux financier unique est considéré par la charia comme un prélèvement sur le travail d'autrui, sans participation ni prise de risque du prêteur. Cependant, le fait que le prêteur supporte seul le risque financier n'est pas interdit, car le travail prime sur le capital. Dans certains produits financiers islamiques, tels que la moudaraba, seul le prêteur peut perdre son argent. L'emprunteur n'a pas à rembourser son emprunt en cas d'échec du projet, car l'entrepreneur a effectivement travaillé pour faire fructifier l'argent du prêteur.

La charia n'est pas opposée au principe séculaire de la rémunération de l'argent. Cependant, c'est le caractère fixe et prédéterminé de l'intérêt, sans prise de risque, qui est prohibé. Pour la charia, le fondement de la rémunération de l'argent est la profitabilité d'un projet économique et jamais un simple troc financier.

Les fondements de l'interdiction du prêt à intérêts (riba) dans la finance islamique se trouvent dans les textes sacrés de l'Islam, notamment le Coran et les hadiths (paroles et actions du Prophète Muhammad, paix soit sur lui). Le Coran évoque l'interdiction de l'usure en plusieurs versets, dont celui-ci : "Ceux qui mangent l'intérêt ne se tiennent (au jour de la Résurrection) que comme se tient celui que le toucher de Satan a bouleversé. Ceci parce qu'ils disent : 'Le commerce est tout à fait comme l'intérêt', alors qu'Allah a rendu licite le commerce et illicite l'intérêt." (Sourate Al-Baqara, versets 275-276).

المس، من الشيطان يتخبطه الذي يقوم كما إلا يقومون لا الربا يأكلون الذين"
سورة) ."الربا وحرم البيع الله وأحل الربا، مثل البيع إنما قالوا بأنهم ذلك
البقرة، الآيات 275-276)

Les hadiths du Prophète Muhammad complètent cette interdiction en déclarant : "L'argent de l'intérêt est voué à la damnation, son dépositaire, son donneur et ses deux témoins" (Hadith rapporté par Muslim).

(مسلم رواه حديث) ."الاثنين وشاهديه ومعطيه ومودعه ملعون، الربا مال"

Un exemple concret de prêt à intérêts serait le prêt d'une somme d'argent à un individu avec une clause stipulant que cet individu doit rembourser non seulement le montant emprunté, mais aussi un intérêt supplémentaire fixé à l'avance.

Sur le plan moral, en dehors des textes islamiques, l'interdiction du prêt à intérêts s'explique par la considération de l'argent comme un moyen d'échange et non un bien en soi. L'idée est de promouvoir des relations financières justes et équitables, basées sur la responsabilité et le partage des risques entre les parties.

L'interdiction de l'usure se retrouve également dans le Judaïsme et le Christianisme, en parallèle avec les autres religions abrahamiques. Le Judaïsme interdit l'usure envers les membres de la communauté, mais autorise des pratiques différentes avec les étrangers. Dans le Christianisme, l'usure était initialement interdite, mais une distinction a été faite entre l'usure et l'intérêt, permettant ainsi l'introduction de taux d'intérêt limités.

Concernant les investissements où l'on trouve des prêts à intérêts, on peut citer le peer-to-peer (P2P) lending, où les particuliers prêtent de l'argent à d'autres particuliers avec des intérêts, ou encore les prêts aux entreprises avec un taux d'intérêt défini. Dans la finance islamique, ces pratiques sont remplacées par le système de partage des profits et pertes (PPP), où les prêteurs deviennent partenaires du projet et partagent les résultats positifs ou négatifs.

En conclusion, l'interdiction du prêt à intérêts dans la finance islamique est solidement ancrée dans les textes sacrés de l'Islam, visant à promouvoir des pratiques financières équitables et responsables. Cette interdiction se retrouve également dans les autres religions abrahamiques, soulignant ainsi l'importance accordée à des relations financières justes et moralement responsables. Dans la finance islamique, le système PPP offre une alternative éthique en favorisant le partage des risques et des profits dans les opérations financières.

L'Interdiction de la Thésaurisation dans la Finance Islamique et son Impact sur les Projets de Développement en Arabie Saoudite et aux Émirats Arabes Unis

La thésaurisation, qui consiste à accumuler des richesses sans les dépenser ni les investir, est proscrite dans la finance islamique. La charia encourage les fidèles à épargner uniquement pour subvenir à leurs besoins sociaux et au remboursement de leurs dettes. Cette interdiction trouve ses sources dans les textes sacrés de l'Islam. Le Coran mentionne dans plusieurs versets l'importance de ne pas thésauriser et de dépenser dans le sentier de Dieu :

"De même, à ceux qui thésaurisent l'or et l'argent et ne les dépensent pas dans le sentier d'Allah, eh bien, annonce-leur un châtiment douloureux… Goûtez donc de ce que vous thésaurisez !" (Sourate At-Tawbah, versets 34-35).
بعذاب فبشرهم الله سبيل في ينفقونها ولا والفضة الذهب يكنزون والذين"
أليم... ذوقوا ما كنزتم لأنفسكم". (سورة التوبة، الآيات 34-35)

Un exemple concret de thésaurisation serait un individu qui accumule de grandes quantités d'argent ou de biens précieux sans jamais les utiliser ni les investir dans des projets économiques.

Sur le plan moral, en dehors des textes islamiques, l'interdiction de la thésaurisation s'explique par la considération de l'argent comme un moyen d'échange et non un bien en soi. La thésaurisation entrave la circulation de l'argent dans l'économie et nuit au développement socio-économique. Elle encourage également une mentalité de rareté et de peur de l'avenir, contraire à la confiance en Dieu et en l'avenir.

En parallèle avec les autres religions abrahamiques, l'interdiction de la thésaurisation se retrouve également dans le Judaïsme et le Christianisme. Les textes bibliques soulignent l'importance de partager ses richesses avec les autres et de ne pas les accumuler égoïstement. Pour éviter la thésaurisation, les investisseurs islamiques sont encouragés à investir dans des projets économiques prospères et à contribuer au développement de la société. Cela peut impliquer des investissements dans des projets pharaoniques, mais aussi dans des initiatives sociales et économiques plus modestes pour favoriser une gestion équitable des capitaux et promouvoir le bien-être commun. Le système financier islamique encourage ainsi une circulation active de l'argent pour le bénéfice de la communauté.

Impact de l'Interdiction de la Thésaurisation sur les pays musulmans :

L'interdiction de la thésaurisation est l'une des raisons pour lesquelles des pays comme l'Arabie Saoudite et les Émirats Arabes Unis investissent massivement dans des projets de grande envergure, tels que des îles artificielles, des gratte-ciels futuristes, et des initiatives technologiques avancées.

Arabie Saoudite

Projet NEOM : Une mégapole futuriste de 500 milliards de dollars destinée à devenir un centre mondial pour l'innovation et le commerce.

Al-Ula : Un projet de développement touristique visant à transformer une région historique en une destination touristique mondiale.

Émirats Arabes Unis

Palm Jumeirah : Une île artificielle en forme de palmier, symbole du développement urbain de Dubaï.

Burj Khalifa : La tour la plus haute du monde, un exemple emblématique des ambitions architecturales de Dubaï.

Ces projets servent non seulement à promouvoir le développement économique et touristique, mais aussi à éviter la thésaurisation en stimulant l'économie et en créant des opportunités d'emploi et de croissance. En investissant dans de tels projets, ces pays respectent les principes de la charia qui encouragent l'utilisation proactive des richesses pour le bien commun et le développement socio-économique.

L'interdiction du Gharar, qui se traduit par l'incertitude, la tromperie et le risque, est un principe fondamental de la finance islamique. Ce concept est tout aussi important que l'interdiction du riba (intérêt), mais il est davantage basé sur des valeurs morales et éthiques. Selon la charia, tout accord qui comporte une part de doute, d'incertitude ou de tromperie n'est pas valable.

Les sources islamiques de l'interdiction du Gharar proviennent du Coran et des hadiths du Prophète Muhammad. Le Coran souligne l'importance de réduire l'asymétrie d'information et l'incertitude dans les contrats, et plusieurs hadiths donnent des exemples concrets de situations de Gharar, comme la vente d'un bébé chameau encore dans le ventre de sa mère.

D'après Abou Hourayra (qu'Allah l'agrée) : Le Prophète (que la prière d'Allah et Son salut soient sur lui) a interdit la vente dite "Al Hasat" et la vente dite "Al Gharar". (Rapporté par Mouslim dans son Sahih n°1513)

عن ب . أ هريرة ض . ر هللا عنه قال : هنذ رسول هللا ّل ص هللا عليه
وسلم عن بيع الحصاة وعن بيع الغرر
صحيحه رقم (١٥١٣)رواه مسلم ف .

Définition et Exemples de Transactions "Al Gharar"

La vente dite "Al Gharar" est définie dans ce hadith comme le fait que l'acheteur et le vendeur conviennent que l'acheteur lance une petite pierre sur le troupeau de bêtes appartenant au vendeur. La bête touchée par la pierre sera alors vendue à l'acheteur pour un prix convenu à l'avance. Dans cet exemple, l'incertitude sur la marchandise vendue est considérée comme étant "Haram" (interdite).

Exemples de Gharar dans les Transactions Modernes :

Vente de Pêche Non Capturée : Vendre un poisson qui n'a pas encore été pêché.
Vente de Récolte Non Moissonnée : Vendre une récolte qui n'a pas encore été moissonnée et dont la qualité est incertaine.
Assurance Conventionnelle : Les contrats d'assurance classique où le montant du remboursement dépend d'événements aléatoires.

Détermination d'une Vente comme "Al Gharar"

Pour déterminer si une vente est "Al Gharar", il faut évaluer les éléments suivants :
Certitude des Termes : Tous les termes de la transaction doivent être clairs et définis.
Transparence de l'Information : Les parties doivent avoir une information complète et précise sur l'objet de la vente.
Équité et Absence de Tromperie : La transaction ne doit pas contenir d'éléments de tromperie ou d'iniquité.

Impact Moral et Éthique de l'Interdiction du Gharar
Sur le plan moral, l'interdiction du Gharar vise à promouvoir des transactions transparentes et équitables, où les parties impliquées ont une connaissance claire des termes et des risques associés. Le Gharar peut entraîner des pertes imprévisibles pour l'une des parties, ce qui contrevient à l'idée de transactions justes et équilibrées.

Comparaison avec les Autres Religions Abrahamiques

En parallèle avec les autres religions abrahamiques, l'interdiction du Gharar se retrouve également dans le Judaïsme et le Christianisme, où des clauses similaires de nullité du contrat sont appliquées en cas de défaut dissimulé ou d'ignorance des termes de l'accord.

Contrats Takaful comme Alternative

Il est important de noter que l'interdiction du Gharar rend les contrats d'assurance classiques contraires aux principes de la charia, car le montant du remboursement dépend d'événements aléatoires. C'est pourquoi des contrats d'assurance mutualistes, takaful, ont été créés pour répondre aux principes de la charia et éviter le Gharar. Ces contrats couvrent généralement l'assurance-vie et excluent les risques de la vie quotidienne, permettant ainsi aux musulmans de souscrire à des assurances conformes à leurs croyances.

Conclusion

L'interdiction du Gharar dans la finance islamique joue un rôle crucial dans la promotion de pratiques commerciales justes et transparentes. En comprenant et en appliquant ces principes, les individus et les entreprises peuvent non seulement se conformer aux préceptes religieux, mais aussi contribuer à une économie plus équitable et stable.

L'interdiction de la spéculation, également appelée Maysir en finance islamique, concerne toute activité comportant des aléas et des jeux de hasard, qui détournent les gens de leurs devoirs sociaux et économiques en leur faisant miroiter des gains sans travail ni effort. Cette interdiction trouve ses sources dans le Coran et les hadiths du Prophète Muhammad, qui mettent en garde contre les transactions entachées d'incertitude et d'aléas.

Le verset coranique qui parle du jeu de hasard :

Au temps du Prophète (sur lui la paix), pendant que la révélation du Coran se faisait, Dieu n'avait, jusqu'à un certain temps, pas interdit le jeu de hasard. Il avait seulement rappelé que ses inconvénients sont plus grands que ses avantages, exactement comme l'alcool. Il avait alors dit : "Ils te questionnent [ô Muhammad] au sujet de l'alcool et du jeu de hasard. Dis : Il y a en ces deux choses un grand mal et aussi quelques avantages pour les hommes, mais leur mal est plus grand que leur utilité" (Coran 2/219). Par la suite, les musulmans ayant acquis le niveau voulu de foi et de pratique, Dieu a interdit ces deux choses : "O vous qui croyez, l'alcool, le jeu de hasard, les pierres dressées et les flèches divinatoires ne sont qu'impureté, relevant du fait du diable. Préservez-vous en, afin de réussir. Le diable ne veut, par le biais de l'alcool et du jeu de hasard, que jeter l'inimitié et la haine entre vous, et vous détourner du souvenir de Dieu et de la prière…" (Coran 5/90-91). Les termes "jeter l'inimitié et la haine" désignent les forts risques de disputes qui surgissent entre les joueurs : cela se voit fréquemment dans les parties de cartes où de l'argent est en jeu. Cette "inimité" et cette "haine" sont dues au fait que le jeu de hasard permet l'acquisition de l'argent d'une façon déséquilibrée (Majmû' ul-fatâwâ, tome 32 p. 237).

C'est d'ailleurs pour éviter ce déséquilibre et les disputes qu'il entraîne que la loi française interdit les jeux de hasard autres que ceux organisés par l'organisme national habilité et ceux organisés dans les casinos et assimilés (cela reste malgré tout interdit pour le musulman). Quant aux termes "détourner du souvenir de Dieu et de la prière", ils désignent le fait qu'une fois qu'on se met à pratiquer un jeu de hasard, on en devient très souvent dépendant au point de ne plus pouvoir s'en passer et de voir sa spiritualité baisser au point que la prière, les invocations et les formules du rappel de Dieu perdent leur goût spirituel et deviennent lourdes.

Un exemple concret de spéculation dans les transactions modernes serait les opérations financières des établissements de crédit classiques, telles que les futurs, swaps et options, qui sont proscrites par la charia. De même, les ventes de biens et services seulement éventuels, basées sur des événements hasardeux comme la météo, sont également interdites.

Sur le plan moral, en dehors des textes islamiques, l'interdiction de la spéculation s'explique par le rejet des jeux de hasard et des paris qui encouragent une mentalité de gains faciles sans effort ni travail. Elle vise à promouvoir des activités économiques et financières basées sur le travail, la transparence et la responsabilité.

En parallèle avec les autres religions abrahamiques, l'interdiction de la spéculation se retrouve également dans le Judaïsme et le Christianisme, où les jeux de hasard et les pratiques spéculatives sont également découragés pour promouvoir des valeurs de travail, d'effort et de responsabilité.

Il est vrai que le concept de travail dans l'économie moderne peut être mal défini, notamment dans les économies de marché mondialisées. Cependant, la spéculation reste proscrite dans la finance islamique pour préserver l'intégrité des transactions et éviter les excès qui peuvent entraîner des crises financières.

En conclusion, l'interdiction de la spéculation en finance islamique est basée sur des principes moraux et éthiques, ainsi que sur des enseignements du Coran et des hadiths. Elle vise à promouvoir des transactions équitables, basées sur le travail et l'élimination des incertitudes, tout en rejetant les pratiques spéculatives qui encouragent les gains faciles sans effort. Cette interdiction se retrouve également dans d'autres religions abrahamiques, soulignant ainsi l'importance accordée aux valeurs de travail, de transparence et de responsabilité dans les transactions économiques et financières.

Dans les investissements où l'on peut rencontrer de la spéculation, on retrouve notamment :

Marchés financiers : Les opérations de trading sur les marchés boursiers, les marchés des devises (Forex), les contrats à terme (futures), les options d'achat (calls) et de vente (puts) sont des exemples de spéculation financière. Les traders spéculatifs achètent et vendent des actifs financiers en anticipant les fluctuations des prix pour réaliser des bénéfices à court terme.

Marché des matières premières : Les transactions spéculatives sur les matières premières telles que le pétrole, l'or, l'argent, les céréales, etc., sont courantes. Les investisseurs spéculatifs cherchent à tirer profit des mouvements de prix à court terme, souvent en se basant sur des prévisions économiques ou géopolitiques.

Marché de l'immobilier : Dans certains cas, les investisseurs peuvent spéculer sur l'immobilier en achetant des biens immobiliers dans l'espoir de les revendre à un prix plus élevé à court terme, plutôt que de les utiliser pour des besoins personnels ou commerciaux à long terme.

Cryptomonnaies : Les investissements dans les cryptomonnaies comme le Bitcoin et l'Ethereum sont souvent sujets à la spéculation en raison de leur volatilité. Les traders achètent et vendent des cryptomonnaies en espérant réaliser des gains rapides en fonction des fluctuations de prix.

Dérivés financiers : Les dérivés financiers tels que les swaps de taux d'intérêt, les contrats à terme et les options sont des produits financiers complexes qui peuvent être utilisés à des fins de spéculation.

Ces types d'investissements comportent des risques élevés en raison de leur nature spéculative. La finance islamique, en accord avec les principes moraux et éthiques de l'Islam, interdit ces pratiques spéculatives pour encourager des investissements basés sur des activités économiques réelles et des échanges commerciaux équitables.

Les juristes islamiques, ou fuqaha, ont interprété les textes sacrés pour fournir des directives spécifiques sur ce qui constitue une transaction spéculative.

Nature de l'Investissement

Halal : Investissements dans des biens tangibles avec une valeur intrinsèque, comme l'immobilier ou les entreprises de production.
Haram : Trading à haute fréquence, options binaires, ou investissements dans des actifs purement spéculatifs comme certaines cryptomonnaies sans sous-jacents réels.

Transparence et Clarté

Halal : Transactions où tous les termes et conditions sont clairs et acceptés par toutes les parties.

Haram : Transactions où il y a une asymétrie d'information ou un manque de transparence sur les termes et les risques.

Partage des Risques

Halal : Partenariats où les profits et les pertes sont partagés équitablement entre les parties, comme dans les contrats de mudarabah ou musharakah.
Haram : Transactions où une partie supporte tout le risque tandis que l'autre est assurée de recevoir des bénéfices, comme dans les prêts avec intérêt.

Investir dans des activités directement ou indirectement associées à des produits addictifs tels que l'alcool, la pornographie, etc., est contraire aux principes de la charia et est donc prohibé (haram) dans la finance islamique. Cette interdiction découle des sources islamiques, notamment le Coran et les hadiths du Prophète Muhammad, qui insistent sur l'importance de mener une vie morale et éthique. Un exemple concret d'investissement dans une activité amorale serait l'achat d'actions d'une entreprise de production et de distribution d'alcool. Dans ce cas, l'investisseur participe indirectement à une activité interdite par la charia, car la consommation d'alcool est considérée comme haram dans l'Islam.

En dehors des textes islamiques, l'interdiction d'investir dans des activités amorales repose sur des considérations morales et éthiques communes à de nombreuses religions et croyances. Elle vise à promouvoir des comportements responsables et à éviter de tirer profit d'activités préjudiciables pour la société et les individus.

Dans les autres religions abrahamiques, telles que le Christianisme et le Judaïsme, on retrouve également des interdictions similaires concernant l'investissement dans des activités immorales. Par exemple, certaines églises et associations chrétiennes proposent des fonds éthiques qui excluent les investissements dans des secteurs tels que l'armement, le tabac ou les jeux d'argent.

Étendue de l'Interdiction

Participation Directe et Indirecte
Directe : Investir directement dans des entreprises ou des projets impliqués dans les activités interdites.
Indirecte : Investir dans des fonds ou des instruments financiers qui, à leur tour, investissent dans des activités amorales.

Considérations Morales et Éthiques
Impact Sociétal : Les investissements dans des activités qui causent du tort à la société ou encouragent des comportements nocifs sont interdits.
Alignement avec les Valeurs Islamiques : Les investissements doivent promouvoir des valeurs éthiques, morales et bénéfiques pour la communauté.

Activités Amorales Interdites
Alcool
Description : Production, distribution, et vente d'alcool.
Interdiction : Complète. Toute participation directe ou indirecte dans des entreprises impliquées dans l'alcool est haram.
Sources : Coran, Sourate Al-Ma'idah (5:90).

Pornographie

Description : Production, distribution, et vente de matériel pornographique.
Interdiction : Complète. Toute forme d'engagement dans cette industrie est haram.
Sources : Hadiths du Prophète Muhammad interdisant les actions et les paroles indécentes.

Jeux de Hasard
Description : Toute forme de jeu de hasard, y compris les casinos, les loteries, et les paris.
Interdiction : Complète. Les jeux de hasard sont assimilés à du maisir, clairement interdit dans l'Islam.
Sources : Coran, Sourate Al-Ma'idah (5:90).

Tabac
Description : Production, distribution, et vente de produits du tabac.
Interdiction : En grande partie interdite en raison des effets nocifs sur la santé.
Sources : Interprétations contemporaines des juristes islamiques basées sur les principes de préservation de la santé.

Armement
Description : Fabrication et vente d'armes et de matériel militaire.
Interdiction : Partielle. L'investissement dans des armes pour l'autodéfense peut être permis, mais l'implication dans le commerce d'armes offensives est généralement considérée comme haram.
Sources : Débats parmi les juristes islamiques.

Usure (Riba)
Description : Pratique de l'intérêt dans les transactions financières.
Interdiction : Complète. Le riba est strictement interdit.
Sources : Coran, Sourate Al-Baqara (2:275-279).

Produits de Luxe Inutiles
Description : Commerce de biens de luxe inutiles qui encouragent la débauche et l'extravagance.
Interdiction : Variable. L'accent est mis sur la modération et l'utilisation éthique des ressources.
Sources : Principes généraux de la charia sur la modestie et la modération.

En finance islamique, l'investissement dans des activités amorales est remplacé par des investissements socialement responsables et conformes aux principes de la charia. Les investisseurs islamiques sont encouragés à soutenir des projets et des entreprises qui contribuent au bien-être de la société tout en respectant les valeurs morales de l'Islam. Cela rejoint la notion d'investissement socialement responsable dans d'autres croyances, où les investisseurs cherchent à aligner leurs choix financiers sur leurs convictions morales pour promouvoir un développement durable et éthique.

Nous espérons que vous avez apprécié cette œuvre. Nous aimerions maintenant avoir votre avis sincère exprimé sur Amazon. Non pas pour nourrir nos égos, mais plutôt pour nous indiquer ce que vous a apporté ce livre, ce que vous auriez éventuellement aimé, ce qui a pu vous manquer, de sorte que nous puissions encore enrichir cette œuvre qui évoluera avec le temps puisque nous continuerons de l'actualiser.

Conclusion:

Dans ce premier chapitre, nous avons exploré les principaux interdits dans la finance islamique, à savoir le Maysir (jeu de hasard), le Gharar (incertitude excessive), le Riba (prêts à intérêt), la thésaurisation et l'investissement dans des activités amorales. Ces cinq principes jouent un rôle essentiel dans la détermination de ce qui est considéré comme haram (interdit) dans la finance islamique, car ils sont en contradiction avec les valeurs éthiques et morales de l'islam.

Le Maysir est rejeté car il repose sur la chance et l'incertitude, ce qui est contraire à la notion de responsabilité et de travail dur prônée par l'islam. Le Gharar est également interdit car il crée une incertitude excessive et exploite la vulnérabilité de l'autre partie, ce qui est contraire à l'équité et à la justice. Le Riba est un des plus grands péchés en islam, car il favorise l'enrichissement sans travail et l'exploitation des personnes dans le besoin.

La thésaurisation est découragée car elle prive l'économie d'une circulation fluide de l'argent et entrave la création de richesse. Enfin, l'investissement dans des activités amorales est rejeté car il va à l'encontre des principes éthiques de l'islam et peut contribuer à des pratiques nuisibles pour la société.

Cependant, il existe des opérations financières où il n'y a pas de consensus clair sur leur licéité ou illicéité dans la finance islamique. Ces opérations, que nous aborderons dans le prochain chapitre, sont souvent sujettes à des débats et des interprétations diverses au sein des érudits musulmans. Nous étudierons ces cas litigieux et examinerons les raisonnements et les arguments pour et contre leur conformité avec les principes islamiques.

Le chapitre suivant nous permettra d'explorer davantage les nuances de la finance islamique et de comprendre comment les questions litigieuses peuvent être abordées dans un cadre éthique et respectueux des valeurs de l'islam.

Chapitre II : Les opérations litigieuses

Dans ce second chapitre, nous allons aborder des opérations financières qui suscitent des débats et des interprétations variées dans la finance islamique. Nous étudierons les contrats futurs, les contrats d'assurance, les comptes bancaires, les cryptomonnaies et le financement de litiges. Ces sujets soulèvent des questions importantes sur leur licéité ou illicéité selon les principes islamiques, et les avis des érudits musulmans peuvent différer quant à leur conformité aux valeurs de l'islam.

Les contrats futurs permettent d'acheter ou de vendre un actif à une date ultérieure à un prix convenu à l'avance. Les contrats d'assurance visent à se protéger contre les risques financiers en échange de primes périodiques. Les comptes bancaires traditionnels proposent des services de dépôt et de retrait d'argent avec la possibilité de percevoir des intérêts. Les cryptomonnaies sont des monnaies numériques décentralisées qui suscitent des débats quant à leur statut en tant que moyen de paiement dans l'islam. Enfin, le financement de litiges consiste à investir dans des procès en échange d'une part des éventuels gains.

Nous explorerons les arguments pour et contre la licéité de ces opérations en nous appuyant sur les principes fondamentaux de la finance islamique. Nous verrons comment certains chercheurs et institutions financières adaptent ces opérations pour les rendre conformes aux valeurs de l'islam, tout en respectant l'éthique et la moralité.

Investir dans une Société ayant des Emprunts avec Riba: Perspective Islamique

L'investissement dans une société qui a contracté des emprunts avec de la riba (intérêt) est une question complexe en finance islamique. Voici un aperçu des principes, sources et perspectives pour comprendre cette question.

Principes Fondamentaux

Interdiction du Riba : L'un des piliers de la finance islamique est l'interdiction stricte du riba. Le riba est considéré comme une pratique injuste et exploitante.

Sources :
Coran : "Ceux qui mangent de l'intérêt ne se tiennent (au jour de la Résurrection) que comme se tient celui que le toucher de Satan a bouleversé." (Sourate Al-Baqara, 2:275)
Hadith : Le Prophète Muhammad (que la paix soit sur lui) a maudit le riba sous toutes ses formes.
Nature de l'Investissement : Les investissements doivent être conformes aux principes de la charia, qui incluent l'interdiction du riba, du gharar (incertitude excessive), et du maisir (jeu de hasard).

Perspectives des Juristes Islamiques

Les avis peuvent varier parmi les érudits islamiques et les institutions financières islamiques:

Interdiction Totale : Certains érudits et conseils de charia adoptent une position stricte, interdisant tout investissement dans des entreprises qui contractent des emprunts avec de la riba.
Raison : Participer à de telles entreprises serait considéré comme une forme de soutien indirect à une pratique prohibée, compromettant ainsi l'intégrité islamique de l'investissement.
Source : Fatawa des conseils de charia des banques islamiques comme Al Rajhi Bank et la Qatar Islamic Bank.

Tolérance avec Restrictions : D'autres érudits et institutions adoptent une position plus flexible, permettant l'investissement dans des entreprises ayant une faible proportion de dette riba dans certaines limites spécifiques.
Raison : L'objectif est de faciliter les investissements dans des économies modernes où il est difficile de trouver des entreprises totalement exemptes de transactions riba.
Critères :
Pourcentage de Dette Riba : Souvent, un seuil est fixé (par exemple, moins de 30% des actifs totaux).
Purification des Gains : Les investisseurs doivent purger la part des gains provenant des activités riba en les donnant en charité.
Source : Standards de l'AAOIFI (Organisation de Comptabilité et d'Audit pour les Institutions Financières Islamiques).

Exemples de Lignes Directrices

Indice Shariah Compliant : Les indices boursiers islamiques, comme le Dow Jones Islamic Market Index ou le FTSE Shariah Index, appliquent des critères stricts pour sélectionner les entreprises conformes, incluant des restrictions sur la dette riba.

Purification des Revenus : Lorsque des investisseurs musulmans détiennent des actions dans des sociétés ayant des revenus issus de riba, une purification des revenus doit être effectuée en distribuant en charité la part des gains issus de ces activités.

Conclusion

Investir dans une société ayant des emprunts avec de la riba est généralement considéré comme problématique en finance islamique. Les positions varient selon les interprétations des érudits, allant de l'interdiction totale à une tolérance limitée sous des conditions strictes. Pour un investisseur musulman, il est crucial de consulter des conseillers financiers islamiques ou des institutions reconnues pour s'assurer que leurs investissements sont conformes aux principes de la charia.

Les contrats futurs, tels que les options en finance classique, sont des contrats spécifiques entre un acheteur et un vendeur, qui donnent à l'acheteur le droit, sans obligation, d'acheter (call) ou de vendre (put) un actif sous-jacent à un prix fixé à l'avance (strike) à une date prédéfinie ou dans un laps de temps déterminé. Ces contrats sont souvent utilisés à des fins de couverture ou de spéculation.

Concernant leur légalité au regard de la charia, les options en l'état sont interdites. En effet, l'achat d'une promesse sans obligation ne correspond pas aux principes de la finance islamique. Cependant, certains montages financiers islamiques tels que l'arboun, le salam, le kyar, etc., peuvent permettre d'obtenir un résultat similaire à celui des options tout en respectant les principes éthiques de l'Islam. Des efforts sont faits par l'International Islamic Financial Market (IIFM) et l'International Swaps and Derivatives Association (ISDA) pour développer des produits dérivés islamiques.

Un exemple concret d'investissement dans des contrats futurs pourrait être un investisseur qui achète une option call sur des actions d'une entreprise. Si le cours de l'action augmente avant la date d'échéance du contrat, l'investisseur pourra exercer son option et acheter les actions à un prix inférieur au cours du marché, réalisant ainsi un profit. Dans ce cas, l'investisseur a spéculé sur une hausse du cours de l'action.

L'interdiction des options en finance islamique vise à éviter la spéculation excessive et les pratiques financières à haut risque, qui peuvent conduire à des conséquences néfastes pour l'économie et la société. En effet, les transactions à haute fréquence et les produits dérivés sophistiqués peuvent créer une opacité sur les marchés financiers et générer des risques importants. La finance islamique, en se basant sur des actifs sous-jacents tangibles et en promouvant des investissements dans l'économie réelle, vise à prévenir de telles pratiques spéculatives.

Cette approche éthique et responsable est également présente dans d'autres religions abrahamiques, où les principes moraux guident les choix financiers pour promouvoir une économie plus équitable et durable. La finance islamique s'efforce de se prémunir contre la spéculation excessive en mettant en place des mécanismes de couverture et en exigeant que les investissements soient adossés à des actifs réels, contribuant ainsi à une gestion financière plus éthique et responsable.

Il existe des hedge funds garantis charia qui respectent les principes de la finance islamique en évitant les produits dérivés interdits. Toutefois, pour contourner certaines restrictions, des stratégies spécifiques ont été mises en place. Par exemple, la vente à découvert, qui permet de profiter de la baisse du cours d'une action, est en principe interdite par la charia, car on ne peut vendre quelque chose dont on n'est pas propriétaire et détenteur. Pour pallier cette difficulté, des opérations comme le salam, l'arboun, le kiar ou le wad ont été utilisées.

Le salam est un contrat qui permet de livrer à terme des actifs (comme les titres) que l'acheteur paie entièrement au comptant. L'arboun est un contrat constitué d'arrhes, versées à la signature du contrat et conservées par le vendeur en cas de défaillance de l'acheteur. Cette différence entre arrhes et acompte permet de rendre cette opération différente des options classiques. Le kiar permet d'ajouter une condition au contrat, tandis que le wad est une promesse contractuelle unilatérale, en principe irrévocable, qui permet d'échanger une devise contre une autre à une date et une valeur prédéterminées.

Ainsi, avec ces opérations, il devient possible en finance islamique de répliquer l'ingénierie des contrats de change à terme de la finance classique, des options sur soukouks, des swaps de taux de profit ou de devises, etc.

Ces montages financiers islamiques respectent les principes éthiques de la charia tout en permettant aux investisseurs de bénéficier de certaines stratégies d'investissement utilisées dans la finance conventionnelle. Cela démontre la flexibilité de la finance islamique pour adapter les instruments financiers aux exigences morales de l'Islam, tout en offrant des opportunités d'investissement variées et conformes aux principes éthiques.

Dans la finance islamique, la question des contrats d'assurance est un sujet délicat. En effet, les principes de la charia interdisent les contrats fondés sur l'incertitude (gharar) et les paris (maysir). Cela pose un défi pour les formes traditionnelles d'assurance, qui sont basées sur des risques probables et qui impliquent une prise de paris sur l'avenir.

L'islam encourage plutôt les systèmes d'assureurs mutualistes, où les participants se regroupent pour partager les risques. Cela garantit une répartition équitable des pertes en cas de sinistre, sans possibilité de spéculation sur l'incertitude. Les contrats d'assurance dans le cadre de la finance islamique doivent être précis et clairs, évitant ainsi toute interprétation ambiguë. Un exemple concret d'assurance conforme à la charia serait le contrat de tacafoul. Dans ce modèle, les participants cotisent ensemble pour constituer un fonds qui sera géré par un assureur. L'assureur agit comme un entrepreneur mandaté, avec une rémunération pour ses services. En cas de sinistre, les pertes sont réglées par les participants selon un accord préalable. Si nécessaire, des paiements additionnels peuvent être demandés pour équilibrer les comptes en cas de pertes importantes.

L'assurance tacafoul est considérée comme plus éthique car elle évite les pratiques spéculatives et les paris sur l'avenir.

Cependant, elle ne couvrira que les sinistres ayant une cause garantie par la charia. Par exemple, les dommages causés par des activités prohibées, comme l'ivresse, les jeux de hasard ou la pornographie, ne seraient pas couverts par ce type d'assurance.

Bien que l'assurance tacafoul soit en plein essor en certains pays comme la Malaisie, elle ne représente encore qu'une faible part du marché de l'assurance. Les défis pour développer des solutions d'assurance conformes à la charia résident dans la nécessité de respecter les principes islamiques tout en offrant des protections adaptées aux risques de la vie contemporaine.

L'Académie du fiqh a émis une résolution concernant le tacafoul, mais elle n'a pas précisé le contrat le plus adapté. On retrouve ainsi plusieurs modèles, tels que le wacala, la moudaraba et des combinaisons des deux, qui permettent de gérer les fonds, répartir les bénéfices et partager les pertes de manière équitable entre les participants.

En conclusion, les contrats d'assurance dans la finance islamique doivent être conçus avec soin pour respecter les principes éthiques de la charia. L'assurance tacafoul offre une alternative plus conforme à l'islam en évitant les paris et l'incertitude, tout en permettant une mutualisation des risques pour les participants. Cependant, son développement reste limité et de nouveaux modèles innovants pourraient être nécessaires pour répondre aux besoins de la communauté musulmane tout en respectant les principes islamiques.

Dans la finance islamique, les comptes bancaires jouent un rôle essentiel en tant que mécanisme de dépôt pour les personnes morales et physiques. Les dépôts à vue, également appelés comptes courants wadia (garde), sont autorisés et fonctionnent selon des principes spécifiques.

Pour le client, les comptes courants n'offrent pas d'intérêt prédéterminé, car cela contreviendrait aux règles de l'islam. En effet, dans les banques classiques, les dépôts peuvent générer des intérêts, mais dans la finance islamique, cela est proscrit. Les comptes courants offrent un capital garanti similaire à un prêt gratuit qard hassan, ce qui signifie que le capital déposé est protégé.

Du côté de l'établissement financier islamique, les fonds déposés sont utilisés de manière conforme aux principes de la charia pour des opérations halal (licites). Les soldes des comptes doivent être maintenus positifs, et les revenus générés par les placements sont partagés avec les déposants selon un accord contractuel préalablement déterminé.

Il est important de souligner que les déposants ne sont ni assurés d'un capital garanti ni d'un revenu prédéfini. Contrairement aux banques classiques, où les déposants reçoivent un intérêt fixe, dans la finance islamique, les déposants partagent les bénéfices ou les pertes avec la banque. Ce principe de partage des profits et des pertes (PPP) est au cœur des transactions bancaires islamiques.

La répartition des profits doit être convenue à la signature du contrat et ne peut être modifiée pendant la durée du contrat, sauf accord conjoint entre la banque et le déposant. Ainsi, si la banque réalise des bénéfices, le déposant reçoit sa part convenue, et en cas de pertes, le déposant supporte également une partie de ces pertes.

Les comptes bancaires islamiques, au contraire des comptes bancaires occidentaux, respectent donc les principes éthiques de l'islam en évitant les intérêts préétablis et en privilégiant le partage équitable des profits et des pertes. Cette approche repose sur des sources islamiques telles que le Coran, les hadiths (paroles et actions du prophète Mahomet), les exégèses des savants et les avis juridiques (fatwas) émis par les comités de la charia. Ces sources fournissent les bases sur lesquelles les institutions financières islamiques opèrent pour offrir des comptes bancaires conformes à la charia et aux valeurs de l'islam.

La question de la légalité des cryptomonnaies du point de vue de l'islam soulève plusieurs interrogations liées aux principes de la finance islamique tels que le Maysir (jeux de hasard) et le Gharar (incertitude).

Le Maysir est un concept clé en finance islamique qui interdit toute forme de jeux de hasard et de spéculation. Il considère que les revenus générés à partir de jeux de hasard sont illicites, car ils ne sont pas liés à une activité productive et peuvent entraîner des pertes importantes pour certains participants au profit d'autres, créant ainsi une iniquité dans la répartition des richesses.

Les cryptomonnaies, telles que le Bitcoin, sont souvent critiquées pour leur volatilité et leur caractère spéculatif. Les fluctuations importantes de leur valeur peuvent conduire certains individus à les considérer comme un moyen de spéculer et de réaliser des gains importants sans aucun fondement économique réel. Cela peut être assimilé au Maysir, car les gains réalisés ne sont pas liés à une activité productive et peuvent être comparés à des jeux de hasard.

De plus, le Gharar, qui fait référence à l'incertitude et à l'ambiguïté dans les contrats, est également un concept important en finance islamique. Les transactions qui impliquent une incertitude excessive sont considérées comme non autorisées car elles peuvent entraîner des transactions injustes et déséquilibrées.

Dans le cas des cryptomonnaies, la volatilité et l'incertitude entourant leur valeur et leur réglementation peuvent soulever des questions sur leur conformité aux principes du Gharar. Les investisseurs peuvent être confrontés à des risques considérables en raison de l'instabilité des prix, ce qui pourrait être considéré comme une forme d'incertitude excessive dans les transactions.

Cependant, il convient de noter que certaines voix au sein de la communauté musulmane estiment que les cryptomonnaies peuvent être considérées comme halal (licites) si elles sont utilisées de manière éthique et ne violent pas les principes de la charia. Ils font valoir que les cryptomonnaies peuvent être utilisées pour faciliter des transactions légitimes et peuvent être assimilées à des devises numériques.

En conclusion, la légalité des cryptomonnaies du point de vue de l'islam est encore débattue au sein de la communauté musulmane en raison de leur nature volatile et spéculative. Il est essentiel d'examiner attentivement les caractéristiques spécifiques de chaque cryptomonnaie et de considérer si elles respectent les principes de la finance islamique tels que le Maysir et le Gharar avant de les considérer comme conformes à la charia.

La litigation funding, également connue sous le nom de financement de litige, est une pratique qui suscite de plus en plus d'intérêt dans le domaine financier. Elle consiste à financer les litiges juridiques de tiers en échange d'une part des gains obtenus en cas de succès. Mais qu'en est-il du point de vue de l'islam ? Est-ce une pratique considérée comme halal (licite) ou haram (interdite) ? Et est-ce un bon investissement du point de vue financier ?

Du point de vue de la charia, la litigation funding peut être considérée comme spéculative, car elle implique une incertitude quant aux résultats du litige. En effet, les résultats d'un procès sont souvent imprévisibles, et investir dans un litige peut être assimilé à une forme de Gharar (incertitude excessive) dans les transactions financières, ce qui est contraire aux principes islamiques.

En outre, la litigation funding peut également soulever des questions éthiques. Certains pourraient voir cela comme une forme de jeu ou de paris sur l'issue d'un litige, ce qui est également interdit en islam. De plus, financer un litige peut parfois conduire à des conflits d'intérêts et à des pratiques injustes, ce qui contrevient également aux principes éthiques de la finance islamique.

En ce qui concerne la rentabilité de la litigation funding en tant qu'investissement, cela dépend largement du résultat du litige. Si le procès est réussi et que des dommages-intérêts importants sont accordés, les investisseurs peuvent réaliser des bénéfices significatifs. Cependant, si le litige échoue, les investisseurs peuvent perdre tout leur capital investi.

En raison de l'incertitude et des risques associés à la litigation funding, il est difficile de dire avec certitude si c'est un bon investissement. Certaines personnes pourraient voir cela comme une opportunité de diversification de portefeuille, tandis que d'autres pourraient préférer des investissements plus stables et prévisibles.

En conclusion, la litigation funding peut être considérée comme une pratique spéculative et potentiellement problématique du point de vue de la charia. Il soulève des questions éthiques et financières, et il est essentiel que les investisseurs musulmans réfléchissent soigneusement aux implications de cette pratique avant de décider d'y investir. Comme pour tout investissement, il est important de bien comprendre les risques et de prendre des décisions éclairées en fonction de ses valeurs et de ses objectifs financiers.

Conclusion:

Dans ce chapitre, nous avons examiné plusieurs opérations financières sujettes à des débats et des divergences d'opinions dans la finance islamique. Les contrats futurs, les contrats d'assurance, les comptes bancaires, les cryptomonnaies et le financement de litiges ont été passés au crible de l'éthique islamique pour déterminer leur licéité ou illicéité.

Pour chaque opération, nous avons constaté que les avis des érudits musulmans divergent, car certaines de ces opérations soulèvent des questions complexes en matière de conformité avec les principes de l'islam. Certains chercheurs ont réussi à adapter ces opérations pour les rendre halal en apportant des ajustements conformes aux valeurs de l'islam, tandis que d'autres restent plus prudents et les considèrent comme spéculatives ou incertaines.

Ces débats et divergences d'opinions soulignent la complexité de la finance islamique et l'importance de recherches continues pour déterminer la conformité des opérations avec les principes éthiques de l'islam. Il est essentiel d'encourager un dialogue constructif et ouvert entre les érudits, les institutions financières et les investisseurs pour promouvoir une finance islamique respectueuse des valeurs de l'islam.

Dans le prochain chapitre, nous allons nous concentrer sur les contrats de vente islamique, qui constituent une partie essentielle de la finance islamique et offrent des alternatives conformes aux principes de l'islam pour les échanges commerciaux et financiers. Nous étudierons en détail ces contrats et leurs implications pour les parties impliquées, en mettant l'accent sur la justice, l'équité et la moralité dans les transactions commerciales islamiques.

Chapitre III : Les contrats de vente islamique

Dans ce troisième chapitre, nous allons nous concentrer sur deux types essentiels de contrats de vente islamique: l'Ijara et les Soukouks, ainsi que le contrat Mourabaha. Ces contrats jouent un rôle central dans la finance islamique en fournissant des alternatives conformes aux principes éthiques de l'islam pour les transactions commerciales et financières.

L'Ijara est un contrat de location où le locataire bénéficie de l'usage d'un bien moyennant le paiement d'un loyer. Les Soukouks, quant à eux, sont des certificats d'investissement conformes aux principes de la charia et offrent une alternative aux obligations classiques. Enfin, le contrat Mourabaha est un contrat de vente où le vendeur achète un bien spécifique pour le revendre à un prix convenu, comprenant une marge bénéficiaire.

Nous examinerons en détail les mécanismes de ces contrats, leurs implications pour les parties impliquées et leur conformité aux principes éthiques de l'islam. Nous verrons comment ces contrats visent à promouvoir la justice, l'équité et la moralité dans les échanges commerciaux islamiques tout en respectant les valeurs fondamentales de l'islam.

Les opérations sans participation dans le cadre de la finance islamique comprennent des transactions telles que la sous-location et le transfert de bail. Dans ces opérations, la charia impose certaines règles pour assurer leur conformité aux principes éthiques de l'islam.

Dans le cas de la sous-location, celle-ci est envisageable si le montant du loyer demandé par le premier locataire à un nouveau locataire est identique. Par exemple, si une personne prend en location un véhicule et le sous-loue ensuite à un proche pour le même loyer, cette sous-location est acceptable. Cependant, si la différence de loyer entre les deux parties est due à des facteurs tels que les devises, alors le loyer réclamé peut être supérieur, ce qui n'est pas autorisé en finance islamique.

Le transfert de bail est également possible, où un propriétaire peut vendre un bien qui fait déjà l'objet d'un contrat de location à une autre personne. La relation entre le nouveau propriétaire et le locataire ne change pas. Cependant, il est important de noter qu'un transfert pour une contrepartie monétaire n'est pas autorisé, car il n'est pas permis de vendre un droit à percevoir des loyers à quelqu'un d'autre.

Dans la finance classique, la notion de valeur résiduelle du bien est utilisée pour permettre au loueur de décider, moyennant une somme symbolique, d'acquérir le bien en fin de bail. Cependant, en finance islamique, une transaction ne peut être liée à une autre transaction dans le but de faire de cette dernière une condition préalable à la première. Le bien reste la seule propriété du bailleur et à la fin du bail, il doit reprendre son bien. Il peut alors renouveler le bail avec le même locataire ou en trouver un autre, ou encore vendre le bien.

La charia propose que dans un contrat de ijara (location), aucune condition de don ou de vente à un prix symbolique ne soit inscrite en fin de bail. Cependant, le loueur peut s'engager par une promesse de vente à céder le bien au locataire à la fin de la période. Cette promesse n'engage que le loueur, mais pas le locataire. Le locataire n'est pas obligé d'acquérir le bien à la fin du contrat. Cette option d'achat peut être levée ou pas, selon la volonté du locataire. Si elle est levée, le loueur est tenu de respecter son engagement en cédant le bien au locataire à la fin de la période. Ce type de contrat avec cette option d'achat est appelé ijara wa ictina.

En plus des opérations de location, la finance islamique propose également des soukouks, qui sont des instruments financiers hybrides, ni tout à fait des obligations ni tout à fait des actions. Les soukouks sont émis pour financer des actifs tangibles, des titres de participation, des certificats d'investissement, etc., offrant des revenus stables sur une période. Contrairement aux obligations classiques qui génèrent un intérêt fixe prédéterminé, les soukouks offrent une participation aux pertes et profits du projet sous- jacent.

Ainsi, la finance islamique propose des alternatives éthiques et conformes à la charia pour les opérations de location, de sous-location, de transfert de bail, ainsi que pour les investissements à travers les soukouks. Ces pratiques financières visent à assurer la justice et l'équité dans les transactions, en évitant les pratiques interdites par l'islam telles que l'intérêt usuraire (riba) et en promouvant la responsabilité partagée entre les parties impliquées.

Fonctionnement des contrats Ijara :

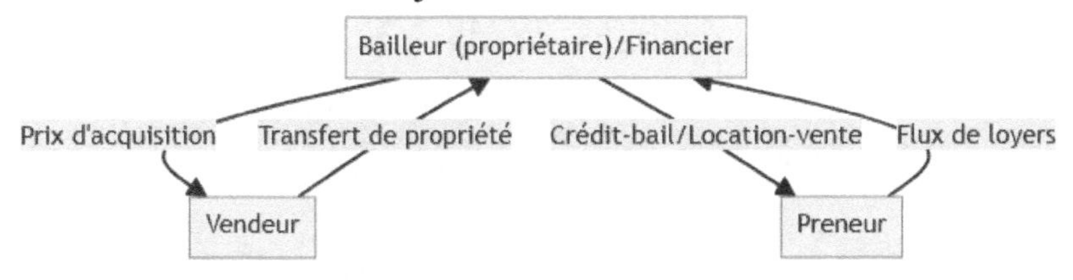

Fonctionnement des contrats Soukouk :

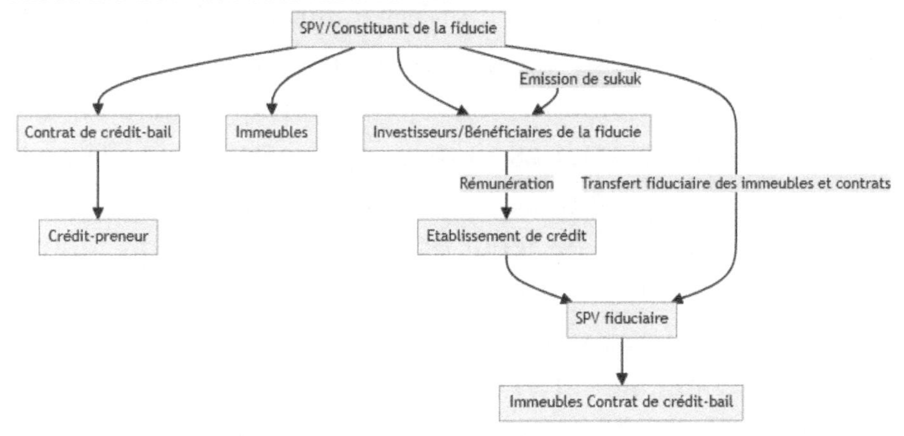

Les contrats de mourabaha et d'ijara sont des formes de financement utilisées dans la finance islamique qui respectent les principes éthiques de l'islam.

La mourabaha, dérivée du mot "rib" signifiant bénéfice, est un contrat de vente où un vendeur s'accorde avec un acheteur pour lui fournir un bien spécifique au coût de revient affiché, auquel est ajoutée une marge bénéficiaire fixe ou en pourcentage du coût de revient. Le vendeur doit informer l'acheteur du coût de revient et aucuns coûts supplémentaires tels que droits de douanes, taxes ou frais de port ne peuvent être rajoutés. Si le coût de revient n'est pas clairement stipulé, il ne s'agit pas d'un contrat de mourabaha mais d'un contrat de moussawama, où le prix de revente peut être modifié. Pour être conforme à la charia, la mourabaha est soumise à des conditions précises, telles que le vendeur doit être propriétaire et en possession de l'objet au moment de la revente, le prix ne peut pas être modifié en cas de retard ou d'anticipation de règlement, et la marge bénéficiaire doit être déterminée avec précision.

En parallèle des financements participatifs, les banques islamiques proposent des produits pour financer les opérations à caractère commercial, permettant le transfert de propriété des actifs et la couverture du fonds de roulement. Le contrat mourabaha, étant un échange par consentement mutuel d'une chose de valeur contre une autre chose de valeur, doit suivre certaines règles pour être licite, comme le sujet de la vente doit exister au moment du contrat, on ne peut établir un contrat de vente pour un bien en état futur d'achèvement, mais on peut faire une promesse de vente, et l'objet de la vente doit être la propriété du vendeur, c'est-à-dire qu'une personne ne peut vendre une machine qui est encore chez un tiers.

En ce qui concerne l'ijara, il s'agit d'un contrat de location où un bien est mis à disposition d'un locataire en échange d'un loyer convenu. Contrairement à un contrat de vente, l'ijara implique uniquement une location sans transfert de propriété. Le bien reste la propriété du bailleur, et à la fin du bail, le bailleur reprend son bien. Cependant, le bailleur peut s'engager par une promesse de vente à céder le bien au locataire à la fin de la période. Cette promesse n'engage que le bailleur, mais pas le locataire, qui n'est pas obligé d'acquérir le bien à la fin du contrat. Cette option d'achat peut être levée ou pas, selon la volonté du locataire. Si elle est levée, le bailleur est tenu de respecter son engagement en cédant le bien au locataire à la fin de la période. Ce type de contrat avec cette option d'achat est appelé ijara wa ictina.

En respectant ces principes, les contrats de mourabaha et d'ijara sont conformes à la charia et offrent des alternatives éthiques aux pratiques financières traditionnelles.

Fonctionnement des countrats Mourabaha :

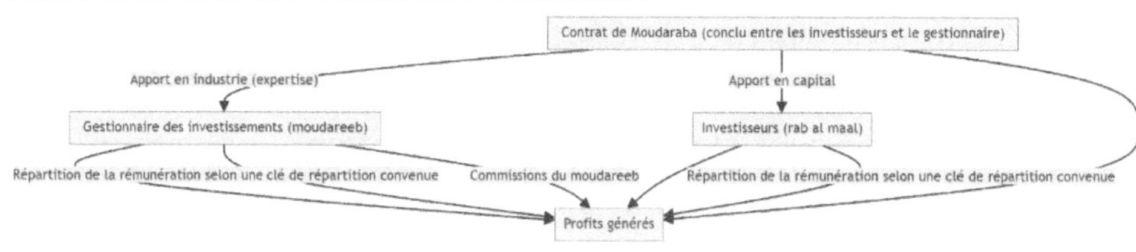

Conclusion:

Ce chapitre nous a permis de découvrir deux types essentiels de contrats de vente islamique: l'Ijara, les Soukouks et le contrat Mourabaha. Nous avons étudié en détail ces contrats et leurs implications pour les parties impliquées, en mettant l'accent sur leur conformité aux principes éthiques de l'islam.

L'Ijara offre une alternative éthique aux contrats de location classiques, promouvant une répartition équitable des revenus entre le locataire et le propriétaire. Les Soukouks, quant à eux, permettent aux investisseurs de participer aux bénéfices et aux risques des projets conformes aux principes de la charia.

Le contrat Mourabaha joue un rôle essentiel dans le financement d'achats de biens et d'équipements en conformité avec les valeurs de l'islam.

Dans le prochain chapitre, nous aborderons un sujet crucial dans la finance islamique: la distribution des richesses. Nous étudierons les principes islamiques de la charité, de la zakat, et comment ces concepts visent à promouvoir une répartition équitable des richesses et à soutenir les plus démunis.

Chapitre IV : La redistribution des richesses en islam

Dans ce quatrième chapitre, nous allons explorer un aspect fondamental de la finance islamique: la répartition équitable des richesses. L'islam accorde une grande importance à la charité et à l'aide aux plus démunis, et nous allons étudier deux aspects clés de cette répartition des richesses: la zakat et les dettes héritées.

La zakat est l'un des cinq piliers de l'islam et représente un prélèvement obligatoire sur le patrimoine des musulmans pour être redistribué aux plus démunis. Nous étudierons les principes de la zakat, son rôle dans la société islamique, et comment elle contribue à promouvoir une répartition plus équitable des richesses et à soutenir les couches les plus vulnérables de la population.

Par la suite, nous aborderons la question des dettes héritées, qui peuvent être source de litiges et de tensions dans les familles. L'islam propose des règles spécifiques pour la répartition des dettes après le décès d'un individu, et nous étudierons ces règles pour comprendre comment elles contribuent à maintenir l'harmonie sociale et à éviter les conflits liés à l'héritage.

La redistribution de l'argent en islam est fondamentalement liée à des principes de partage et de solidarité qui sont inscrits dans les enseignements religieux. Ces principes trouvent leur expression à travers des pratiques telles que la zakat, qui représente l'un des piliers de l'islam.

Dans les autres religions également, on retrouve des mécanismes de redistribution des revenus et du patrimoine. Les juifs, par exemple, pratiquent le maassere, qui consiste à donner 10 % du revenu, et les chrétiens observent la dime, qui équivaut également à 10 % du revenu. Chez les musulmans, la zakat correspond à 2,5 % du patrimoine.

La zakat revêt une signification profonde pour les croyants, symbolisant la purification et la bénédiction. Cette taxe est imposée aux musulmans dont le patrimoine dépasse un seuil d'imposition (nissab). Elle représente un prélèvement sur les actifs imposables susceptibles de générer des richesses, avec pour but de favoriser la solidarité au sein de la communauté musulmane.

La redistribution de l'argent en islam s'inscrit également dans le cadre des activités bancaires et financières. Contrairement au système bancaire classique, où la solvabilité de l'emprunteur est déterminante pour l'octroi d'un crédit, la banque islamique privilégie le principe du partage consensuel des pertes et des profits. Ainsi, la viabilité du projet et la compétence de l'entrepreneur-emprunteur sont déterminantes dans l'octroi du financement.

Ces mécanismes de redistribution contribuent à créer une économie plus équitable, où les richesses sont réparties de manière plus égalitaire. En favorisant l'investissement dans des projets tangibles et en soutenant les micro-entreprises et les TPE, la zakat contribue au développement économique et social des plus démunis.

Cependant, il est important de souligner que certaines divergences existent dans l'interprétation des pratiques de redistribution en islam, ce qui peut limiter la cohérence de la finance islamique. Malgré cela, l'objectif de la redistribution de l'argent demeure d'assurer une meilleure répartition des richesses et de favoriser la prospérité de toute la société. En pratiquant la zakat, les musulmans expriment leur engagement envers l'équité et la solidarité, contribuant ainsi à la construction d'un monde plus juste et humain.

La Sadaqah : Un Acte de Solidarité et de Bienveillance

La redistribution de l'argent en Islam ne se limite pas à la zakat. Elle englobe également la sadaqah, une forme de charité volontaire qui reflète les principes de partage et de solidarité inhérents aux enseignements religieux islamiques. La sadaqah, contrairement à la zakat, n'est pas obligatoire et ne repose pas sur un taux fixe, mais elle revêt une importance considérable dans la promotion de la justice sociale et du bien-être communautaire.

Dans d'autres religions également, on retrouve des pratiques de charité volontaire. Les chrétiens, par exemple, donnent des offrandes en plus de la dîme, et les juifs pratiquent des actes de tzedakah, qui visent à la justice et à la charité envers les plus démunis. En Islam, la sadaqah peut prendre de nombreuses formes, allant des dons monétaires aux actions de bienfaisance, telles que nourrir les pauvres, construire des infrastructures communautaires, ou offrir des conseils et un soutien moral.

La Sadaqah : Une Expression de Foi et de Compassion

La sadaqah est profondément enracinée dans les textes sacrés islamiques. Elle symbolise la compassion, la purification de l'âme, et la reconnaissance de l'interdépendance humaine. En offrant volontairement une part de ses biens ou de son temps, le musulman manifeste son engagement envers les valeurs de l'Islam et renforce les liens de solidarité au sein de la communauté.

Les Sources Islamiques de la Sadaqah

Les fondements de la sadaqah se trouvent dans le Coran et les hadiths du Prophète Muhammad (paix et bénédictions soient sur lui). Par exemple :

Coran : "Ceux qui dépensent leurs biens de jour et de nuit, secrètement et ouvertement, auront leur récompense auprès de leur Seigneur." (Sourate Al-Baqara, 2:274)

Hadith : Le Prophète Muhammad a dit : "La meilleure des sadaqah est celle faite lorsque l'on est en bonne santé et avare, en espérant la richesse et en craignant la pauvreté." (Rapporté par Al-Bukhari et Muslim)

Les Différentes Formes de Sadaqah

La sadaqah peut se manifester sous diverses formes, répondant à des besoins variés et s'adaptant aux capacités de chacun :

Dons Monétaires : Offrir de l'argent aux nécessiteux pour répondre à leurs besoins immédiats.

Aide Matérielle : Fournir de la nourriture, des vêtements, ou des abris aux démunis.

Services : Offrir de son temps et de ses compétences, comme l'enseignement, les soins médicaux, ou l'assistance aux personnes âgées.

Actes de Gentillesse : Les petites actions de bienveillance, comme sourire à quelqu'un ou aider à porter une charge lourde, sont aussi considérées comme des sadaqah.

Impact de la Sadaqah sur la Société

La pratique de la sadaqah contribue à la construction d'une société plus équitable et harmonieuse. Elle permet de répondre aux besoins immédiats des plus vulnérables et de renforcer les liens sociaux. En soutenant les initiatives communautaires et les projets de développement, la sadaqah aide à bâtir des infrastructures durables et à promouvoir le bien-être collectif.

Le Waqf : Une Institution de Bienfaisance et de Développement Durable en Islam

La redistribution des richesses en Islam trouve une expression notable dans le concept de waqf, une dotation perpétuelle qui joue un rôle crucial dans le développement social et économique des communautés musulmanes. Le waqf est un moyen par lequel les musulmans peuvent contribuer de manière durable et significative à la société tout en respectant les principes éthiques de l'Islam.

Définition et Fondements du Waqf

Le waqf, ou habous en arabe, désigne une dotation de biens meubles ou immeubles faite par un musulman à des fins pieuses, caritatives ou sociales. Cette dotation est perpétuelle et inaliénable, c'est-à-dire que les biens waqf ne peuvent être vendus, hérités ou donnés en héritage. Les revenus générés par ces biens sont utilisés pour soutenir des causes spécifiques déterminées par le donateur.

Sources Islamiques

Le concept de waqf est fondé sur les enseignements du Coran et de la Sunna, ainsi que sur les interprétations des juristes islamiques :
Coran : Bien que le terme waqf n'apparaisse pas directement dans le Coran, les principes de charité et de bienfaisance y sont fortement encouragés. "La parabole de ceux qui dépensent leurs biens pour la cause d'Allah est celle d'un grain qui fait pousser sept épis, à chaque épi cent grains." (Sourate Al-Baqara, 2:261)
Hadith : Plusieurs hadiths du Prophète Muhammad (que la paix soit sur lui) font référence à des pratiques similaires au waqf. Par exemple, le hadith rapporté par Ibn Omar : "Omar a dit : Ô Messager d'Allah, j'ai acquis une propriété à Khaybar que je considère comme précieuse. Que m'ordonnes-tu de faire ? Le Prophète a dit : Si tu le souhaites, tu peux en faire une aumône dont le produit sera consacré aux bonnes œuvres."

Types de Waqf

Waqf religieux : Utilisé pour financer les mosquées, les écoles coraniques, et autres institutions religieuses.
Waqf philanthropique : Sert à soutenir les hôpitaux, les écoles, les orphelinats, et autres services sociaux.
Waqf familial : Établi pour le soutien de la famille du donateur, tout en respectant les conditions de la charia.

Importance du Waqf

Le waqf joue un rôle essentiel dans le développement durable et la justice sociale. En fournissant des ressources continues pour les infrastructures et les services communautaires, il contribue à :

L'éducation : Nombreuses écoles et universités islamiques ont été financées par des waqfs, offrant une éducation accessible et de qualité.
La santé : Des hôpitaux et des cliniques ont été établis et maintenus grâce à des waqfs, améliorant ainsi l'accès aux soins de santé.
Le développement économique : Les waqfs peuvent soutenir des projets de développement économique, comme la création de petites entreprises ou la construction d'infrastructures.
Gestion et Modernisation du Waqf
La gestion efficace des waqfs est cruciale pour maximiser leur impact. Cela inclut :
Transparence et responsabilité : La gestion des waqfs doit être transparente et les gestionnaires doivent rendre des comptes à la communauté.
Adaptation aux besoins modernes : Les waqfs doivent être adaptés aux besoins actuels et futurs, en investissant dans des secteurs innovants et durables.

Le Qard Hassan : Prêt Bienveillant en Finance Islamique
Le Qard Hassan, ou prêt sans intérêt, est un concept central en finance islamique, reflétant les principes de bienveillance, de solidarité et de justice sociale. Il permet aux individus de prêter de l'argent sans exiger d'intérêt, en

conformité avec les préceptes de la charia qui interdisent le riba (intérêt usuraire).

Définition et Fondements

Qard Hassan : Le terme "Qard" signifie "prêt", et "Hassan" signifie "beau" ou "bienveillant". Un Qard Hassan est donc un prêt bienveillant, accordé sans intérêt, visant à aider quelqu'un en besoin sans chercher à en tirer profit.

Sources Islamiques

Le concept de Qard Hassan est soutenu par des versets du Coran et des hadiths du Prophète Muhammad (paix et bénédictions soient sur lui), qui encouragent les musulmans à pratiquer la charité et à aider les autres de manière désintéressée.

Coran :
"Qui est-ce qui prêtera à Allah un bon prêt, afin qu'Il le lui multiplie?" (Sourate Al-Baqara, 2:245)
"Si vous faites à Allah un prêt sincère, Il le multipliera pour vous et vous pardonnera." (Sourate At-Taghabun, 64:17)
Hadith :
Le Prophète Muhammad a dit : "Il n'y a pas de prière acceptée si l'on possède des dettes sans intention de les rembourser." (Rapporté par Al-Bukhari)
Un autre hadith rapporte : "Quiconque soulage un croyant d'une difficulté dans ce monde, Allah le soulagera d'une difficulté au Jour de la Résurrection." (Rapporté par Muslim)

Objectifs du Qard Hassan

Les principaux objectifs du Qard Hassan incluent :
Aide aux Démunis : Fournir une aide financière aux personnes dans le besoin sans les charger de l'obligation de payer des intérêts.
Solidarité Communautaire : Renforcer les liens de solidarité et de fraternité au sein de la communauté musulmane.
Justice Économique : Promouvoir une économie plus équitable en éliminant les pratiques exploitantes comme le riba.

Avantages du Qard Hassan

Accès au Financement : Permet aux individus et aux petites entreprises d'accéder au financement nécessaire pour leurs besoins personnels ou professionnels sans subir le fardeau des intérêts.
Réduction de l'Endettement : Aide à prévenir l'endettement excessif et les difficultés financières dues aux intérêts.
Promotion de la Bienfaisance : Encourage les actes de bienfaisance et la charité parmi les musulmans.

Pratique et Application

Le Qard Hassan peut être appliqué dans divers contextes, tels que :

Prêts Personnels : Accorder des prêts sans intérêt à des amis ou des membres de la famille pour des dépenses urgentes ou des besoins médicaux.

Microfinance Islamique : Les institutions de microfinance islamique utilisent le Qard Hassan pour soutenir les entrepreneurs et les petites entreprises en leur fournissant des fonds sans intérêts pour démarrer ou développer leurs activités.

Institutions Caritatives : Certaines organisations caritatives islamiques offrent des Qard Hassan pour aider les personnes en situation de pauvreté à couvrir leurs besoins essentiels.

En Islam, les dettes héritées ont une place particulière dans la législation et doivent être traitées avec soin et équité. Lorsqu'une personne décède, ses dettes restantes font partie intégrante de sa succession et doivent être honorées avant la distribution de l'héritage aux héritiers.

Le Coran et les hadiths donnent des indications claires sur la manière de gérer les dettes héritées. Dans la sourate An-Nisa (4:7), il est dit : "Les hommes ont une part de ce qu'ont laissé les parents et les proches, et les femmes ont une part de ce qu'ont laissé les parents et les proches, que ce soit peu ou beaucoup. C'est un partage déterminé."

Selon ces enseignements, lorsque quelqu'un décède, ses dettes doivent être réglées avant que ses biens ne soient distribués entre les héritiers. Les dettes sont donc prioritaires sur l'héritage et doivent être réglées en premier.

Les héritiers sont tenus de payer les dettes du défunt dans la mesure où ils ont hérité de biens et d'actifs de celui-ci. Si le montant de l'héritage n'est pas suffisant pour couvrir les dettes, les héritiers ne sont pas personnellement responsables de combler la différence. Cependant, s'ils reçoivent des biens en héritage, ils sont tenus de payer les dettes du défunt avec ces biens avant de se partager le reste de l'héritage.

Si les dettes sont plus importantes que l'héritage laissé par le défunt, la dette est considérée comme une dette non remboursable (dettes non recouvrables) et ne peut pas être transmise aux héritiers. Les créanciers ne peuvent pas non plus exiger aux héritiers de payer les dettes du défunt avec leurs propres biens.

La gestion équitable des dettes héritées est une partie intégrante des principes de la charia en matière de succession et d'héritage. Cela garantit que les créanciers sont traités de manière juste et que les héritiers ne sont pas accablés par des dettes qui ne sont pas les leurs. La priorité donnée au règlement des dettes avant la distribution de l'héritage est une pratique courante dans la finance islamique et est soutenue par les enseignements islamiques.

Conclusion:

Ce chapitre nous a permis de comprendre l'importance de la répartition équitable des richesses en islam, en mettant l'accent sur la zakat et les dettes héritées.

La zakat joue un rôle central dans la finance islamique en permettant de prélever une partie des richesses des musulmans pour les redistribuer aux plus démunis, contribuant ainsi à créer une société plus juste et équitable.

Les règles concernant les dettes héritées visent également à promouvoir la justice et l'harmonie sociale en évitant les conflits liés à l'héritage.

Dans le prochain chapitre, nous allons explorer comment il est possible d'investir en accord avec les principes de l'islam, en évitant les interdits tels que le riba, le gharar et le maysir. Nous verrons qu'il est tout à fait possible de réaliser des investissements éthiques et conformes aux valeurs de l'islam, en mettant l'accent sur la responsabilité sociale et environnementale.

Chapitre V : Comment investir sans interdit ?

Dans ce cinquième chapitre, nous allons explorer les différentes possibilités d'investissement en accord avec les principes de l'islam. Nous examinerons en détail plusieurs options d'investissement qui sont considérées comme halal (licites) et qui permettent aux musulmans de faire fructifier leur argent tout en respectant les règles éthiques de l'islam.

La première partie de ce chapitre portera sur l'investissement dans des prêts sous condition. Nous étudierons les différents types de contrats islamiques tels que l'Ijara et les Soukouks, qui permettent aux investisseurs de réaliser des prêts sans recourir à l'intérêt (riba) et en partageant équitablement les bénéfices et les risques avec l'emprunteur.

Ensuite, nous nous pencherons sur l'investissement au capital d'une société. Nous explorerons les différents modèles de financement islamique qui permettent aux investisseurs de devenir des partenaires dans une entreprise tout en respectant les principes éthiques de l'islam.

Nous aborderons également l'investissement immobilier, un secteur attractif pour de nombreux investisseurs. Nous verrons comment il est possible de réaliser des investissements immobiliers conformes à l'islam en évitant le recours à l'emprunt (haram) et en privilégiant des modèles de financement participatifs.

Enfin, nous étudierons d'autres possibilités d'investissement halal telles que les projets d'entrepreneuriat dans des actifs tangibles.

Les Différents Actifs Financiers dans le Monde

Les actifs financiers sont des instruments économiques qui détiennent une valeur et peuvent être échangés sur les marchés financiers. Ils jouent un rôle crucial dans les économies modernes en facilitant le transfert de capital et en permettant la gestion des risques. Voici un aperçu des principaux types d'actifs financiers disponibles dans le monde:

1. Actions

Définition : Les actions représentent une part de propriété dans une entreprise. Les détenteurs d'actions peuvent recevoir des dividendes et bénéficier d'une appréciation du capital si la valeur de l'entreprise augmente.

Exemple : Apple Inc., Microsoft Corp., et Toyota Motor Corp. sont des exemples de grandes entreprises cotées en bourse dont les actions sont activement échangées.

Avantages : Potentiel de rendement élevé, participation aux bénéfices de l'entreprise.

Risques : Volatilité des marchés, risque de perte en capital.

2. Obligations

Définition : Les obligations sont des titres de créance émis par des entreprises, des gouvernements ou d'autres entités pour lever des fonds. Les détenteurs d'obligations prêtent de l'argent à l'émetteur en échange de paiements d'intérêts réguliers et du remboursement du principal à l'échéance.

Exemple : Les obligations du Trésor américain, les obligations d'entreprises comme celles émises par IBM, et les obligations municipales.

Avantages : Revenus fixes, moins volatile que les actions.

Risques : Risque de défaut de paiement, sensibilité aux taux d'intérêt.

3. Fonds Communs de Placement (FCP) et Fonds Négociés en Bourse (ETF)

Définition : Les FCP et ETF sont des instruments de placement collectif qui permettent aux investisseurs d'acheter des parts d'un portefeuille diversifié d'actions, d'obligations ou d'autres actifs.

Exemple : Vanguard Total Stock Market ETF, SPDR S&P 500 ETF.

Avantages : Diversification, gestion professionnelle.

Risques : Risques de marché, frais de gestion.

4. Derivatives (Produits Dérivés)

Définition : Les produits dérivés sont des instruments financiers dont la valeur dépend d'un actif sous-jacent, comme une action, une obligation, une matière première ou une devise.

Exemple : Options, futures, swaps.

Avantages : Couverture contre les risques, possibilité de spéculation.

Risques : Complexité, levier élevé pouvant entraîner des pertes importantes.

5. Matières Premières

Définition : Les matières premières sont des produits physiques échangés sur les marchés financiers, incluant les métaux précieux, les produits agricoles et l'énergie.

Exemple : Or, pétrole, blé.

Avantages : Diversification, protection contre l'inflation.

Risques : Volatilité des prix, risques géopolitiques.

6. Immobilier

Définition : L'investissement immobilier comprend l'achat de biens immobiliers pour générer des revenus locatifs ou réaliser une plus-value.

Exemple : Résidentiel, commercial, terrains.

Avantages : Appréciation du capital, flux de revenus passifs.

Risques : Illiquidité, risques de marché immobilier.

7. Cryptomonnaies

Définition : Les cryptomonnaies sont des actifs numériques utilisant la cryptographie pour sécuriser les transactions et contrôler la création de nouvelles unités.

Exemple : Bitcoin, Ethereum, Ripple.

Avantages : Potentiel de rendement élevé, décentralisation.

Risques : Volatilité extrême, incertitude réglementaire.

L'investissement dans des sociétés peut être possible pour un musulman s'il est conforme aux principes de la charia, notamment en évitant les intérêts (riba) et en respectant les règles éthiques de l'islam. Dans le cadre de la finance islamique, les musulmans peuvent investir dans des projets ou des entreprises qui proposent des contrats de financement participatif ou des partenariats profit- partage (mudarabah).

Dans un contrat de financement participatif, les investisseurs fournissent des fonds à un projet ou à une entreprise en échange d'une part des bénéfices réalisés. Ce type de financement est basé sur le principe de l'échange équitable, où les investisseurs partagent les risques et les récompenses avec les porteurs de projet. Les investisseurs musulmans peuvent ainsi soutenir des projets sans avoir à se soucier d'enfreindre l'interdiction des intérêts.

Dans un partenariat profit-partage (mudarabah), les investisseurs fournissent des fonds à un entrepreneur ou une entreprise, tandis que l'entrepreneur fournit son expertise et son travail. Les bénéfices réalisés sont ensuite partagés entre les investisseurs et l'entrepreneur selon des proportions convenues à l'avance. Encore une fois, ce type de partenariat est conforme aux principes islamiques, car les profits sont obtenus grâce à l'effort commun et à la réussite du projet, plutôt que par l'accumulation d'intérêts.

Ces types d'investissement permettent aux musulmans de participer à l'économie de manière éthique et en accord avec leur foi. En investissant dans des projets et des entreprises qui respectent les principes de la charia, les musulmans peuvent contribuer au développement économique tout en évitant les pratiques financières controversées ou interdites par l'islam.

Il est important pour les investisseurs musulmans de s'assurer que les projets ou les entreprises dans lesquels ils investissent sont véritablement conformes à la charia. Ils doivent donc vérifier la transparence des contrats proposés, la manière dont les profits sont générés et redistribués, ainsi que l'utilisation des fonds investis. La consultation d'experts en finance islamique peut également être utile pour obtenir des avis et des conseils sur la conformité des investissements avec les principes islamiques. En choisissant des investissements conformes à la charia, les musulmans peuvent allier leur foi à leurs activités économiques et financières, tout en contribuant à des projets et des entreprises éthiques et durables.

Investir au capital d'une société est une pratique courante dans le monde financier, mais qu'en est-il du point de vue de l'islam ? Est-ce halal (licite) ou haram (interdit) ? La réponse à cette question repose sur les principes fondamentaux de la finance islamique, qui cherchent à promouvoir l'équité, la transparence et l'éthique dans toutes les transactions financières.

Du point de vue de la charia, l'investissement au capital d'une société est généralement considéré comme halal, à condition que certaines conditions soient respectées. Tout d'abord, il est essentiel que l'activité de la société soit conforme aux enseignements de l'islam. Cela signifie que la société ne doit pas être impliquée dans des secteurs interdits tels que l'alcool, les jeux de hasard, les activités porcines, ou toute autre activité contraire à la morale islamique.

En outre, l'investissement ne doit pas être spéculatif, c'est-à-dire qu'il ne doit pas être basé sur des prédictions incertaines ou des jeux de hasard.

La spéculation est considérée comme une forme de Gharar (incertitude excessive) et est donc proscrite par la charia. L'investissement doit être basé sur des fondamentaux solides de l'entreprise et sur une évaluation réaliste de ses perspectives de croissance et de rentabilité.

Un autre aspect important est que l'investissement doit être fait de manière éthique et responsable. Les entreprises dans lesquelles les investisseurs musulmans mettent leur argent doivent se conformer à des normes éthiques strictes en matière de gouvernance, de respect de l'environnement, et de responsabilité sociale. L'investissement dans des entreprises impliquées dans des pratiques injustes ou nuisibles pour la société est contraire aux principes de l'islam.

Enfin, en ce qui concerne les bénéfices générés par l'investissement, il est important que ceux-ci soient partagés équitablement entre tous les actionnaires de l'entreprise. Le partage des bénéfices et des pertes est un principe fondamental de la finance islamique, visant à promouvoir l'équité et la solidarité entre les parties prenantes.

En conclusion, l'investissement au capital d'une société peut être halal s'il est réalisé conformément aux principes éthiques de la finance islamique. Il doit être basé sur des fondamentaux solides de l'entreprise, éviter la spéculation et les secteurs interdits, et promouvoir la transparence et l'équité dans le partage des bénéfices. L'investissement responsable et éthique est une pratique encouragée par l'islam, contribuant ainsi à créer une société plus juste et équitable pour tous.

Comment investir au capital d'une société ?

Investir dans le capital d'une société peut se faire en achetant des actions de sociétés cotées en bourse ou en investissant dans des startups non cotées. Voici un aperçu des considérations et des étapes à suivre pour ces deux types d'investissements :
Sociétés Cotées en Bourse

Les sociétés cotées sont généralement les plus grandes entreprises du monde, dont les actions sont échangées sur les marchés boursiers. Pour investir dans ces sociétés, il est important de comprendre les risques et la nature de cet investissement.

Risques et Nature de l'Investissement :

Propriété : En achetant des actions, vous devenez propriétaire d'une part du capital de la société. Cette propriété vous donne un droit sur les actifs et les bénéfices de l'entreprise.

Risques : En tant que propriétaire, vous assumez les risques associés à la performance de l'entreprise. Si la société fait faillite, vous pouvez perdre votre investissement. Si la société connaît une baisse de ses ventes, la valeur de vos actions peut également diminuer. Inversement, si la société réalise des bénéfices importants, la demande pour ses actions augmentera, ce qui fera monter leur prix.

Rendements : Les entreprises performantes peuvent offrir des rendements significatifs. Si une société multiplie ses bénéfices par 10, la valeur de ses actions augmentera probablement, vous permettant de les vendre à un prix plus élevé.

Startups (Sociétés Non Cotées)

Investir dans des startups peut être plus risqué en raison du manque d'informations publiques et de l'incertitude plus élevée.

Perspective Islamique :

Spéculation : Investir dans des startups sans informations suffisantes est considéré comme haram (interdit) en Islam, car cela s'apparente à de la spéculation. Cependant, si vous avez une connaissance approfondie du domaine dans lequel évolue la startup, l'investissement est considéré comme halal (permis), car la spéculation n'est pas le caractère prédominant.

Étapes Pratiques pour Investir

Ouvrir un Compte d'Investissement :

Banques Traditionnelles : Vous pouvez ouvrir un compte d'investissement dans votre banque, bien que cela soit généralement plus coûteux.

Courtiers en Ligne : Utilisez des courtiers en ligne comme Interactive Brokers ou Degiro, qui sont plus économiques et permettent un accès facile à diverses actions.

Acheter des Actions :

Rechercher et Sélectionner des Actions : Choisissez des entreprises en fonction d'une recherche approfondie et d'une compréhension de leur performance et de leur potentiel.

Passer des Ordres : Utilisez votre compte d'investissement pour passer des ordres d'achat pour les actions choisies. Surveillez la performance de vos investissements et prenez des décisions éclairées sur le moment de vendre.

En suivant ces étapes et en tenant compte des risques et des principes éthiques, vous pouvez prendre des décisions d'investissement informées et conformes à vos valeurs.

L'investissement immobilier est une pratique courante dans le monde financier, et de nombreux investisseurs considèrent l'immobilier comme un moyen sûr et rentable de faire fructifier leur argent. Cependant, du point de vue de l'islam, l'investissement immobilier nécessite une approche particulière pour être considéré comme halal (licite) et conforme aux principes éthiques de la finance islamique.

L'une des principales raisons pour lesquelles l'emprunt dans le cadre de l'investissement immobilier est considéré comme haram (interdit) en islam est l'interdiction de l'intérêt (riba). Dans la finance islamique, l'intérêt est considéré comme une forme d'exploitation et de profit sans effort, ce qui est contraire à l'éthique islamique. Par conséquent, contracter un prêt avec intérêt pour financer un investissement immobilier serait en violation directe des principes de la charia.

Pour éviter l'utilisation de l'emprunt avec intérêt, les investisseurs musulmans sont encouragés à adopter des approches alternatives pour réaliser un investissement immobilier. L'une de ces approches est l'investissement immobilier en cash, c'est-à-dire l'achat d'une propriété en payant la totalité du prix en espèces sans recourir à un prêt. Cette approche garantit que l'investissement est fait conformément aux principes de la finance islamique, sans engagement d'intérêt.

Une autre approche est l'investissement en copropriété (Musharakah). Dans ce cas, l'investisseur et le propriétaire initial de la propriété forment un partenariat pour acheter la propriété ensemble. Les deux parties contribuent au financement de l'achat, et les bénéfices et les risques sont partagés en fonction de leurs contributions respectives. Cette approche est conforme aux principes de la charia car elle repose sur le partage des profits et des pertes de manière équitable.

Il est également possible de recourir à la location avec option d'achat (Ijara) pour réaliser un investissement immobilier. Dans ce cas, l'investisseur loue la propriété avec la possibilité de l'acheter à la fin du contrat de location. Une partie du loyer peut être utilisée comme un paiement initial pour l'achat de la propriété. Cette approche permet à l'investisseur de bénéficier des avantages de la propriété sans avoir recours à un emprunt.

En résumé, l'investissement immobilier au regard de l'islam nécessite de suivre des principes éthiques et de se conformer aux règles de la charia. L'utilisation de l'emprunt avec intérêt est considérée comme haram en islam, car elle contrevient aux principes de la finance islamique. Les investisseurs musulmans sont encouragés à explorer des approches alternatives, telles que l'investissement en cash, la copropriété et la location avec option d'achat, afin de réaliser des investissements immobiliers conformes à leurs valeurs et croyances religieuses. En suivant ces approches, les investisseurs musulmans peuvent non seulement réaliser des investissements rentables, mais aussi contribuer à une économie plus éthique et responsable.

Comment Réaliser un Investissement Immobilier Conforme à la Charia

L'investissement immobilier est une avenue populaire pour la croissance du patrimoine, mais les investisseurs musulmans doivent suivre des principes spécifiques pour s'assurer que leurs investissements sont conformes à la charia. Voici des méthodes pratiques pour réaliser un investissement immobilier halal :

1. Investissement en Cash

Description : Acheter une propriété en payant la totalité du prix en espèces, évitant ainsi l'emprunt avec intérêt.

Étapes :

Économiser des Fonds : Accumulez des économies suffisantes pour acheter la propriété souhaitée.
Recherche et Sélection : Identifiez et évaluez des propriétés potentielles en fonction de votre budget et de vos objectifs.
Négociation et Achat : Négociez le prix avec le vendeur et procédez à l'achat en effectuant un paiement complet en espèces.
Transfert de Propriété : Assurez-vous que le transfert de propriété est effectué correctement et que tous les documents légaux sont en ordre.

2. Investissement en Copropriété (Musharakah)
Description : Partenariat entre l'investisseur et une autre partie (souvent la banque islamique) pour acheter une propriété ensemble. Les bénéfices et les pertes sont partagés proportionnellement à la contribution de chaque partie.

Étapes :
Trouver un Partenaire : Identifiez une institution financière islamique ou un partenaire privé disposé à entrer en copropriété.
Négocier les Termes : Définissez les termes du partenariat, y compris la part de financement de chaque partie et la répartition des bénéfices et des pertes.

Contrat de Musharakah : Élaborez un contrat formel stipulant les obligations de chaque partie et les conditions de sortie du partenariat.

Achat et Gestion : Achetez la propriété et gérez-la conjointement selon les termes convenus.

(cela n'est pas proposé par les banques en france)

3. Location avec Option d'Achat (Ijara)
Description : Louer une propriété avec la possibilité de l'acheter à la fin du contrat de location. Une partie du loyer peut servir de paiement initial pour l'achat futur de la propriété.

Étapes :

Recherche de Propriétés : Identifiez des propriétés disponibles à la location avec option d'achat.
Négociation des Termes de Location : Négociez le contrat de location avec le propriétaire, incluant l'option d'achat et la structure des paiements.
Contrat d'Ijara : Élaborez un contrat de location stipulant les conditions de la location et l'option d'achat à la fin de la période de location.
Paiements et Gestion : Effectuez les paiements de loyer et préparez-vous à exercer l'option d'achat à la fin du contrat.

(cela n'est pas proposé par les banques en france)

Autre possibilité d'investissement

Un autre type d'investissement que les musulmans peuvent faire en toute sécurité sans craindre d'être dans l'illicite est l'investissement dans des actifs réels tangibles. Conformément aux principes de la finance islamique, les investissements dans des actifs réels sont considérés comme halal (licites) car ils impliquent la possession directe d'actifs matériels et n'impliquent pas l'utilisation de l'emprunt avec intérêt.

Les actifs réels tangibles comprennent des biens physiques tels que des propriétés immobilières, des terres agricoles, des matières premières, des métaux précieux, des équipements industriels, etc. Ces actifs ont une valeur intrinsèque et sont considérés comme des investissements sûrs et stables.

L'investissement immobilier a déjà été évoqué, mais il est important de mentionner d'autres formes d'investissement dans des actifs réels. Par exemple, l'investissement dans des terres agricoles peut être une option attrayante pour les investisseurs musulmans. La propriété de terres agricoles permet de bénéficier des revenus issus de l'agriculture sans recourir à l'intérêt. De plus, l'agriculture est considérée comme une activité bénie en islam, et investir dans ce secteur peut être considéré comme un moyen de participer à une activité vertueuse.

De même, l'investissement dans des métaux précieux tels que l'or et l'argent est également considéré comme halal en islam. Les métaux précieux ont une valeur intrinsèque et sont souvent utilisés comme couverture contre l'inflation et l'instabilité économique.

Les investissements dans des entreprises éthiques et socialement responsables sont également encouragés en islam. Investir dans des entreprises qui respectent les principes de la charia, qui ont des pratiques commerciales éthiques et qui contribuent positivement à la société est considéré comme un investissement halal.

Il est important de noter que même dans les investissements réels, il existe des risques associés. La réussite de tout investissement dépend des conditions économiques et des performances de l'entreprise ou de l'actif en question. Par conséquent, il est essentiel pour les investisseurs musulmans de faire preuve de diligence raisonnable et de rechercher des opportunités d'investissement solides et conformes aux principes de l'islam.

En conclusion, les investissements dans des actifs réels tangibles offrent aux musulmans une option sûre et halal pour faire fructifier leur argent. Ces investissements permettent aux investisseurs de posséder directement des actifs matériels et d'éviter l'utilisation de l'emprunt avec intérêt, en accord avec les principes éthiques de la finance islamique. Cependant, il est toujours important de prendre des décisions d'investissement éclairé et de se tourner vers des opportunités d'investissement éthiques et socialement responsables.

Conclusion

En conclusion, ce livre nous a permis d'explorer en profondeur les principes fondamentaux de la finance islamique et les différentes possibilités d'investissement conformes aux règles éthiques de l'islam.

Nous avons d'abord étudié les interdits dans la finance islamique, en mettant en lumière les cinq principes qui rendent une opération haram : le Riba (prêts à intérêt), la thésaurisation, le Gharar (incertitude), le Maysir (jeux de hasard), et l'investissement dans des activités amorales. Nous avons compris que ces principes sont essentiels pour garantir l'équité, la stabilité et l'éthique dans les transactions financières.

Ensuite, nous avons examiné les opérations litigieuses où il n'y a pas de consensus clair sur leur licéité ou illicéité. Nous avons exploré les contrats futurs, les contrats d'assurance, les comptes bancaires, les cryptomonnaies, et le financement de litiges. Nous avons compris que ces opérations nécessitent une analyse approfondie pour déterminer leur conformité aux principes de l'islam.

Dans le troisième chapitre, nous nous sommes intéressés aux contrats de vente islamiques tels que l'Ijara et les

Soukouks, ainsi qu'au contrat Mourabaha. Nous avons découvert comment ces contrats permettent de réaliser des transactions commerciales équitables et respectueuses des principes de l'islam.

Enfin, nous avons exploré les différentes possibilités d'investissement halal dans le chapitre quatre. Nous avons étudié l'investissement dans des prêts sous condition, l'investissement au capital d'une société, l'investissement immobilier, ainsi que d'autres options d'investissement conformes à l'islam.

Au fil de ce livre, nous avons compris que la finance islamique se base sur des valeurs éthiques et morales, visant à promouvoir la justice, la solidarité, et la prospérité pour tous. Elle nous encourage à investir dans des projets qui contribuent au bien- être social, environnemental et économique.

En conclusion, la finance islamique offre un cadre éthique et responsable pour les investissements et les transactions financières. Elle permet aux musulmans de prospérer tout en respectant les principes de l'islam. Que ce livre serve de guide aux investisseurs et aux acteurs financiers pour réaliser des opérations licites et contribuer au développement d'une économie juste et éthique, conforme aux enseignements de l'islam.

Printed in France by Amazon
Brétigny-sur-Orge, FR